Rigby

Word Family
Picture Dictionary

Harcourt Achieve

Rigby • Steck-Vaughn

www.HarcourtAchieve.com
1.800.531.5015

Introduction

The *Rigby Word Family Picture Dictionary* offers picture support for 76 familiar word families that will support students' development of critical phonics skills.

Each word within a word family is paired with a descriptive photo or illustration to help the student build context for the word.

This dictionary can serve as a supplement to your phonics instruction as well as a student resource for vocabulary development.

Contents

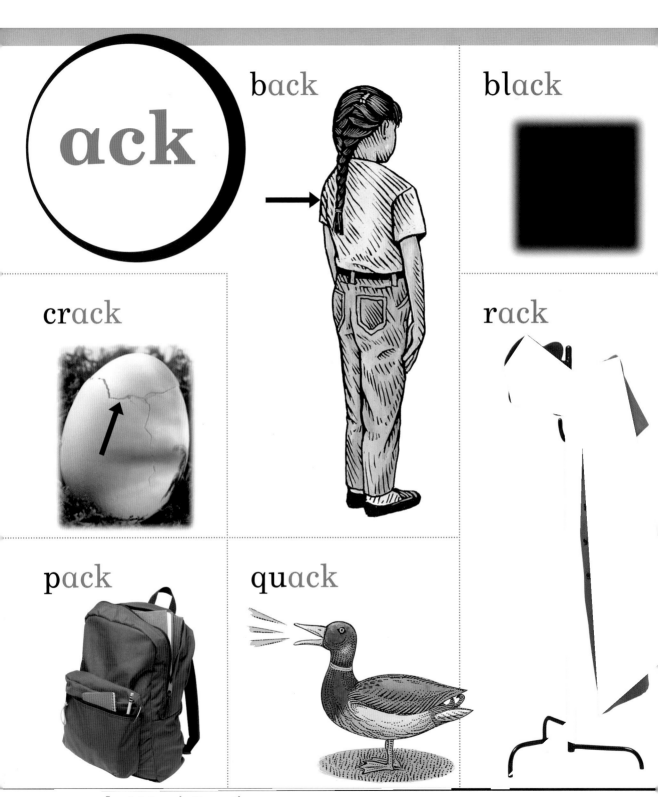

ack

back

black

crack

rack

pack

quack

ack Word Family

sack

shack

snack

stack

tack

track

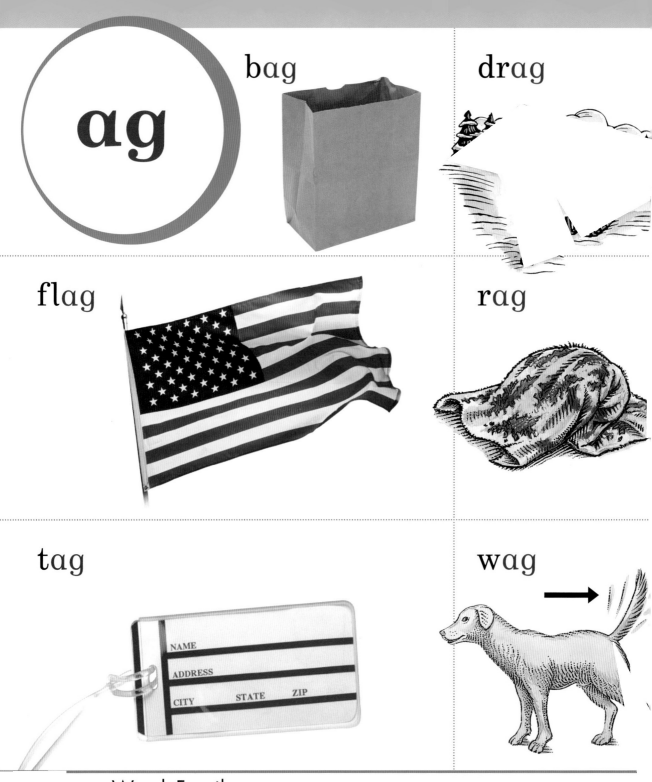

ag

bag

drag

flag

rag

tag

wag

ag Word Family

age

c**age**
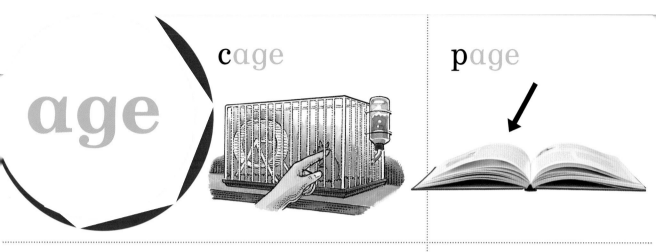

p**age**

st**age**

w**age**

age Word Family

ail

jail

mail

nail

pail

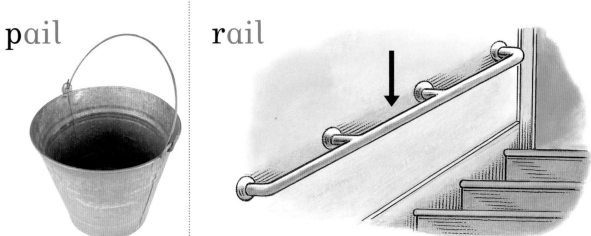

rail

ail Word Family

s**ail**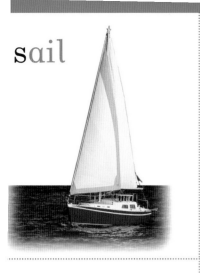

sn**ail**

t**ail**

tr**ail**

ain

brain

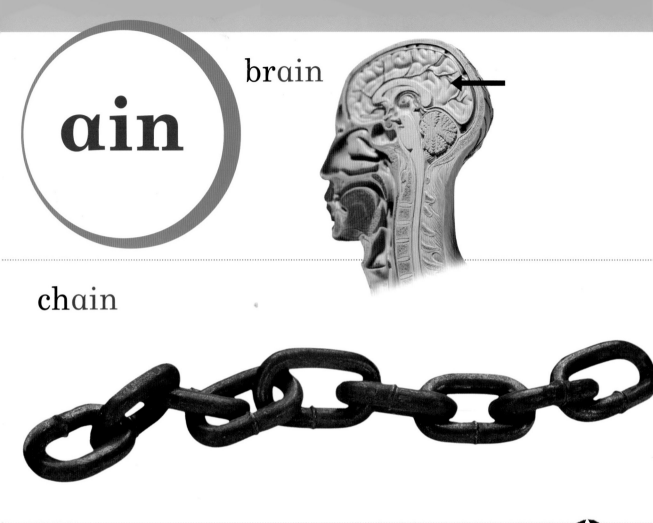

chain

drain grain pain

ain Word Family

plain

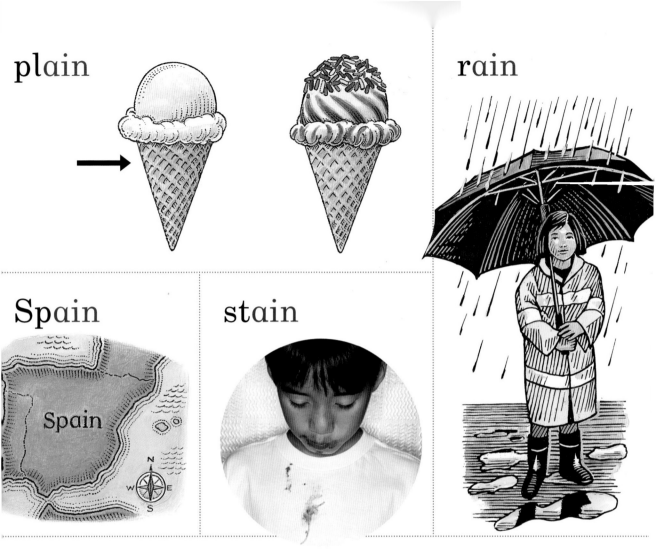

rain

Spain

stain

train

air

chair

f air

h air

p air

st air

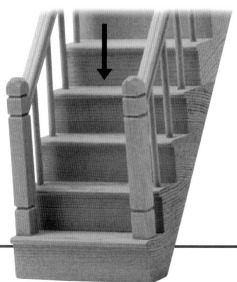

air Word Family

ake

bake

cake

fake

flake

lake

make

rake

shake

snake

stake

take

wake

ake Word Family

ale

male

pale

sale

scale

stale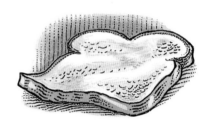

tale

whale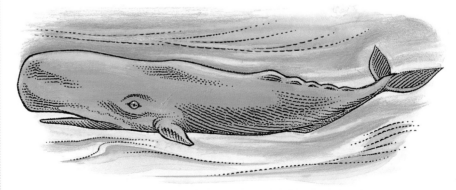

alk

chalk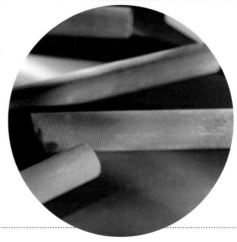

talk

walk

alk Word Family

all

ball

call

fall

hall

mall

small

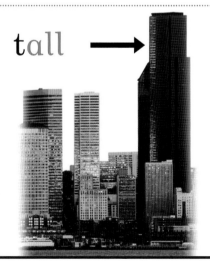

tall

wall

ame

came   He came home.

flame

frame

game

name

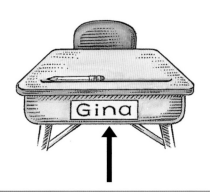

same

ame Word Family

an

can

fan

man

pan

plan

ran

tan

van

an Word Family

ank

bank

blank
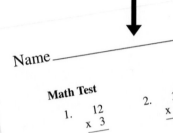

drank

sank
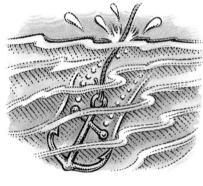

tank

thank

yank

ank Word Family

ap

cap

clap

flap

lap

map

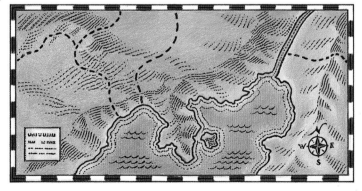

ap Word Family

nap

sap

scrap

snap

strap

tap

trap

wrap

ap Word Family

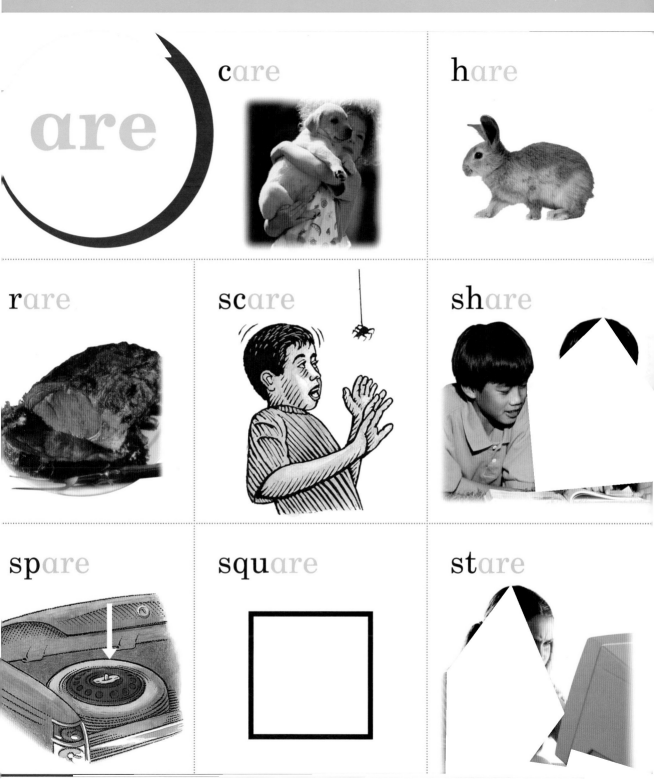

are

c**are**

h**are**

r**are**

sc**are**

sh**are**

sp**are**

squ**are**

st**are**

are Word Family

barge

charge

large

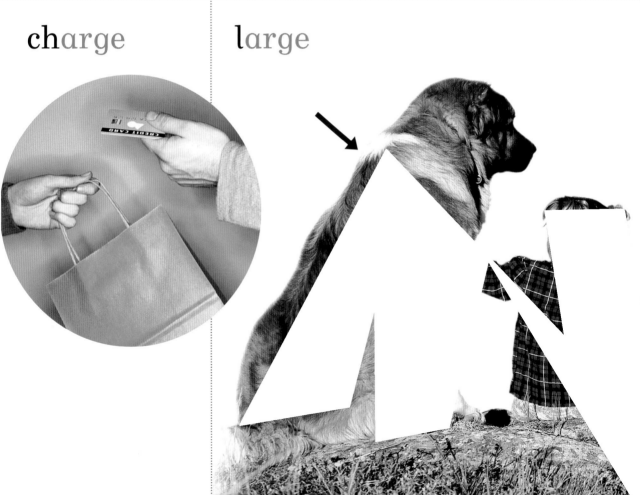

arge Word Family

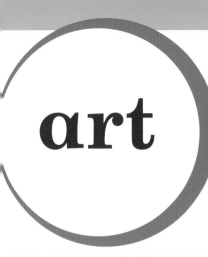

art

cart

chart

dart

mart

part

smart

start

tart

art Word Family

ash

cash

crash

flash

lash
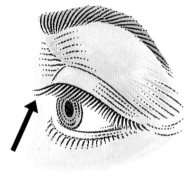

mash

rash

smash
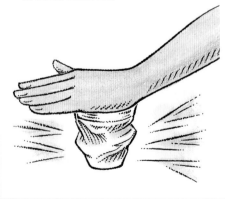

trash

ash Word Family

at

bat

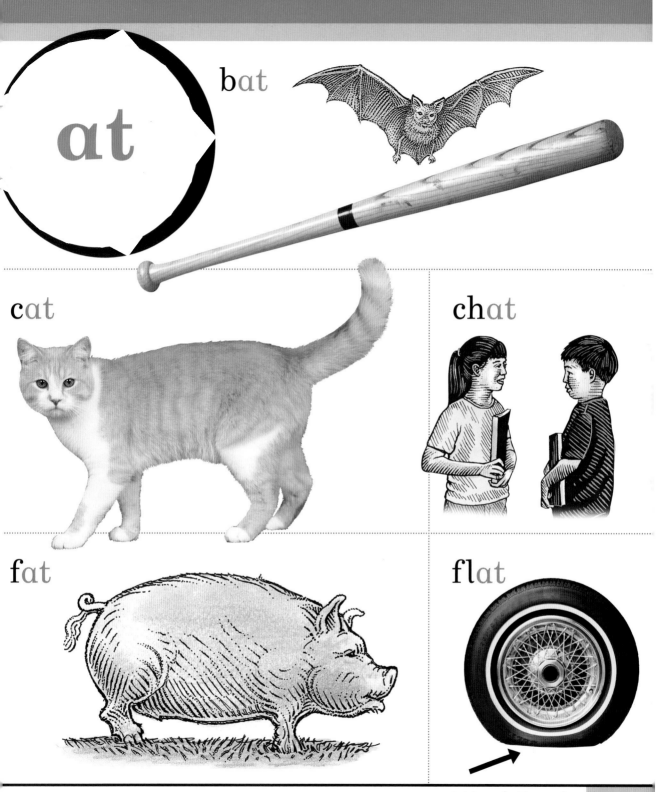

cat

chat

fat

flat

at Word Family

h**at**

m**at**

p**at**

r**at**

s**at**

th**at**

at Word Family

ate

date

October 5, 2004

gate

late

HOURS

plate

skate

state

Texas

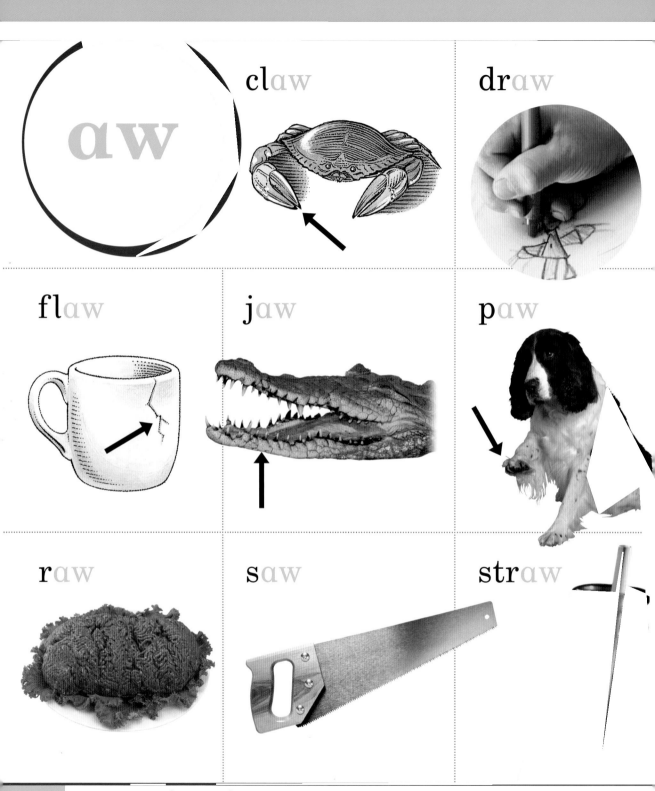

cl**aw**

dr**aw**

fl**aw**

j**aw**

p**aw**

r**aw**

s**aw**

str**aw**

aw

aw Word Family

awn

dawn
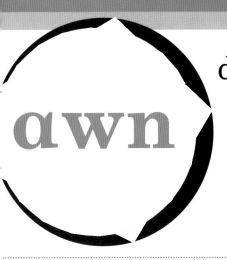

fawn

lawn

yawn
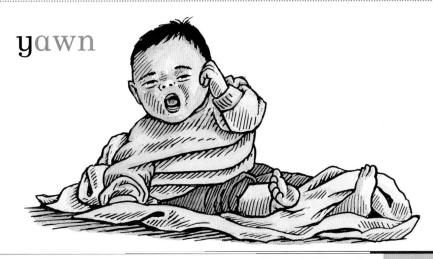

awn Word Family

31

ay

bay
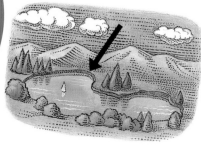

clay

day

gray

hay

jay

lay

May

May 2008						
S	M	T	W	T	F	S
				1	2	3
4	5	6	7	8	9	10
11	12	13	14	15	16	17
18	19	20	21	22	23	24
25	26	27	28	29	30	31

ay Word Family

pay

play

ray

say

spray

sway

tray

way   I'll go this way.

ea

fl**ea**

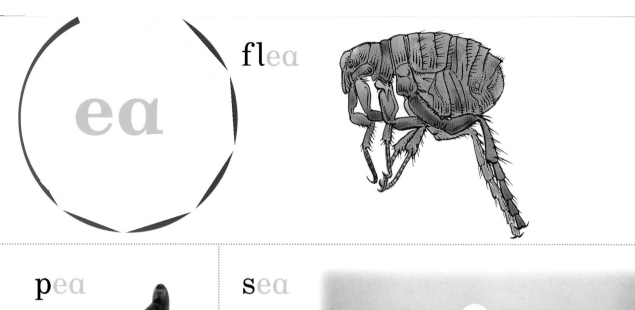

p**ea**

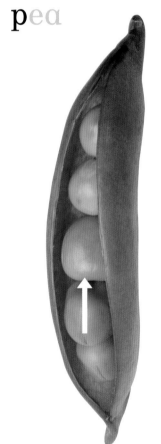

s**ea**

t**ea**

ea Word Family

eam

beam

cream

dream

gleam

scream

steam

stream

team

ear

clear

dear

Dear Sir:

fear

gear

hear

near

ear Word Family

ear

smear

tear

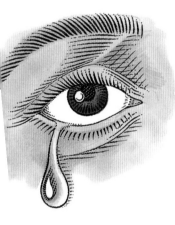

year

January 2008

S	M	T	W	T	F	S
		1	2	3	4	5
6	7	8	9	10	11	12
13	14	15	16	17	18	19
20	21	22	23	24	25	26
27	28	29	30	31		

February 2008

S	M	T	W	T	F	S
					1	2
3	4	5	6	7	8	9
10	11	12	13	14	15	16
17	18	19	20	21	22	23
24	25	26	27	28		

March 2008

S	M	T	W	T	F	S
						1
2	3	4	5	6	7	8
9	10	11	12	13	14	15
16	17	18	19	20	21	22
23	24	25	26	27	28	29
30	31					

April 2008

S	M	T	W	T	F	S
		1	2	3	4	5
6	7	8	9	10	11	12
13	14	15	16	17	18	19
20	21	22	23	24	25	26
27	28	29	30			

May 2008

S	M	T	W	T	F	S
				1	2	3
4	5	6	7	8	9	10
11	12	13	14	15	16	17
18	19	20	21	22	23	24
25	26	27	28	29	30	31

June 2008

S	M	T	W	T	F	S
						1
2	3	4	5	6	7	8
9	10	11	12	13	14	15
16	17	18	19	20	21	22
23	24	25	26	27	28	29
30						

July 2008

S	M	T	W	T	F	S
		1	2	3	4	5
6	7	8	9	10	11	12
13	14	15	16	17	18	19
20	21	22	23	24	25	26
27	28	29	30	31		

August 2008

S	M	T	W	T	F	S
					1	2
3	4	5	6	7	8	9
10	11	12	13	14	15	16
17	18	19	20	21	22	23
24	25	26	27	28	29	30
31						

September 2008

S	M	T	W	T	F	S
	1	2	3	4	5	6
7	8	9	10	11	12	13
14	15	16	17	18	19	20
21	22	23	24	25	26	27
28	29	30				

October 2008

S	M	T	W	T	F	S
			1	2	3	4
5	6	7	8	9	10	11
12	13	14	15	16	17	18
19	20	21	22	23	24	25
26	27	28	29	30	31	

November 2008

S	M	T	W	T	F	S
						1
2	3	4	5	6	7	8
9	10	11	12	13	14	15
16	17	18	19	20	21	22
23	24	25	26	27	28	29
30						

December 2008

S	M	T	W	T	F	S
	1	2	3	4	5	6
7	8	9	10	11	12	13
14	15	16	17	18	19	20
21	22	23	24	25	26	27
28	29	30	31			

eat

cleat

heat

meat

neat

seat

treat

wheat

eat Word Family

ed

bed
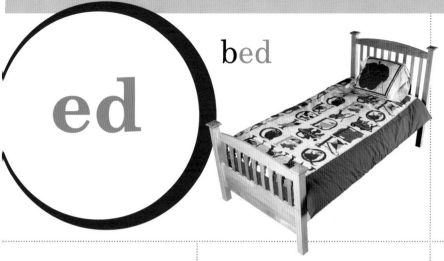

fed

red

shed

sled

sped

wed

eed

feed

need   I need to study.   seed

weed

eed Word Family

cheer

eer

deer

steer

eer Word Family

ell

bell

cell

fell
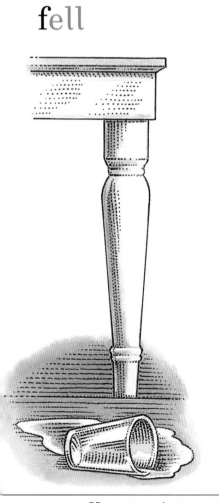

sell

25¢

ell Word Family

shell

smell

spell

f-r-o-g

tell

well

yell

ell Word Family

est

best

chest

guest

nest

rest

test

vest

west

Spelling test

1. cells
2. exit
3. melted
4. wiggle
5. swept
6. western
7. rushes
8. living
9. windy
10. wire
11. landform
12. plain

N
W   E
S

est Word Family

et

get

jet

let   I let go.

met

net

pet

set

wet

et Word Family

ew

blew

chew

dew

flew

grew

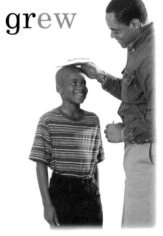

knew   He knew her name.

new

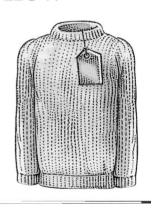

ew Word Family

ice

dice

mice

nice

price

rice

slice

ice Word Family

 **ick**

brick

chick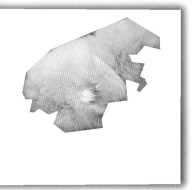

kick

lick

pick

sick

ick Word Family

stick

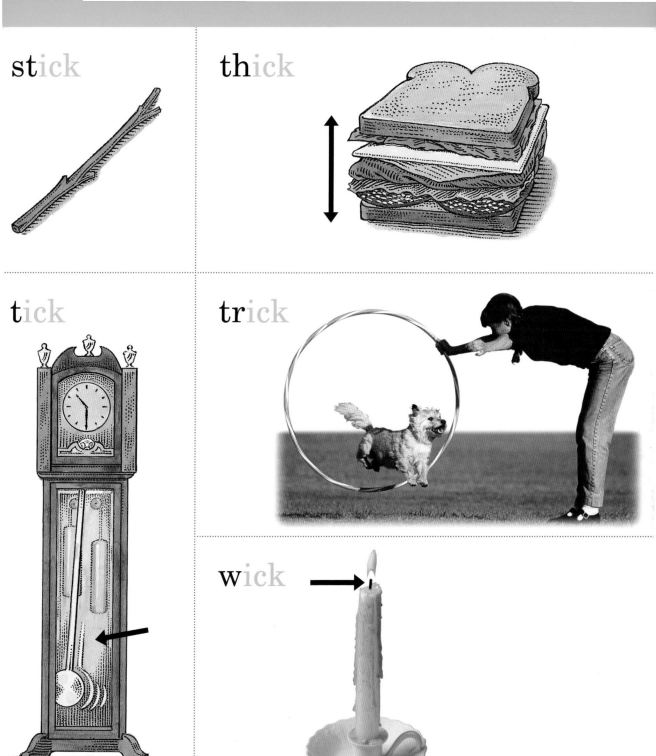

thick

tick

trick

wick

ick Word Family

ide

bride

hide

ride

side

slide

tide

wide

Wide Load

ide Word Family

ie

die

lie

pie

tie

**ight**

bright

flight

fright

knight
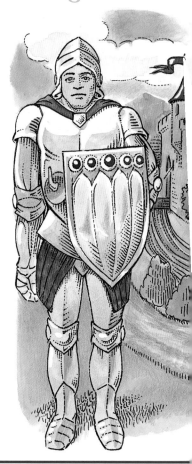

light
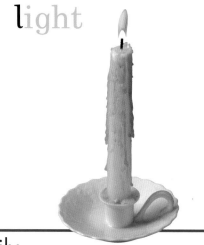

ight Word Family

might

night

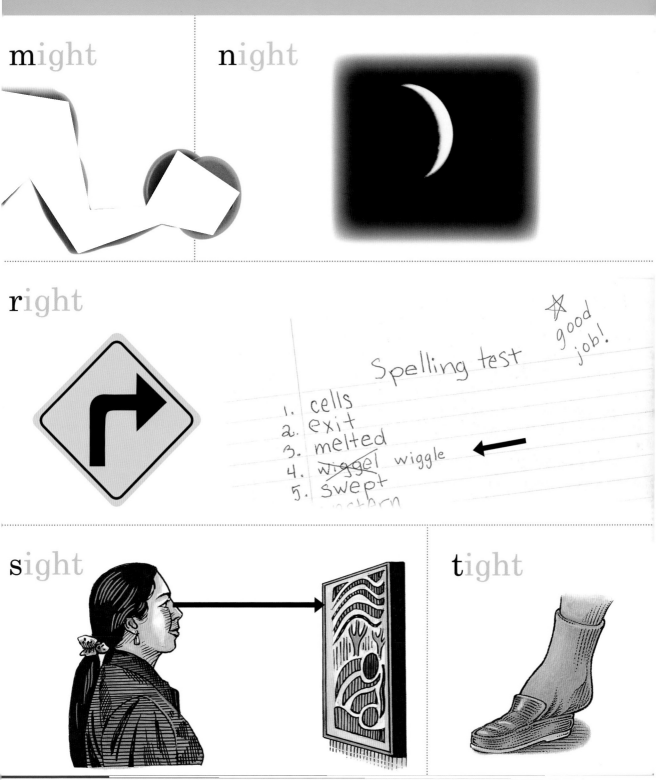

right

Spelling test   ☆ good job!

1. cells
2. exit
3. melted
4. ~~wiggel~~ wiggle ←
5. swept

sight

tight

ight Word Family

 bike

hike like I like ice cream.

ike Word Family

ill

bill

chill

dill

drill

fill

grill

ill Word Family

hill

ill

pill

spill

thrill

will She will eat dinner.

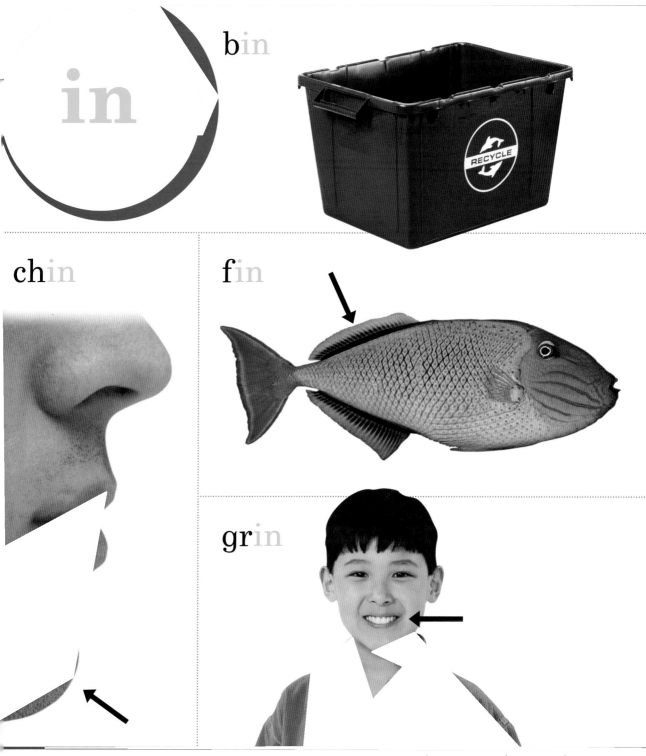

in

bin

chin

fin

grin

in Word Family

p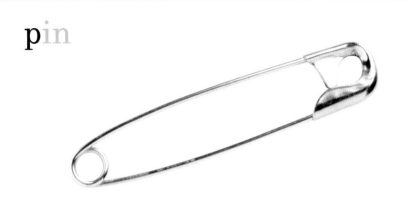in

skin

spin

thin

tin

twin

win

in Word Family

58

ine

dine

line

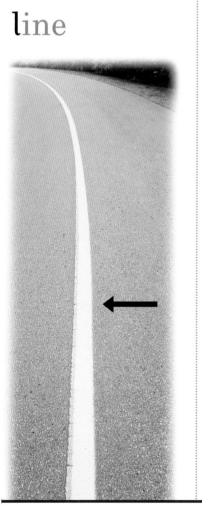

mine

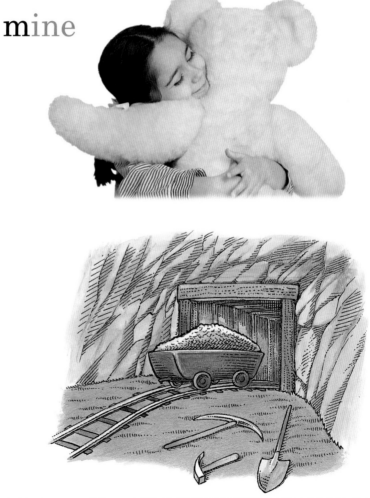

ine Word Family

nine

pine

shine

spine

vine

ine Word Family

ing

bring

cling

king

ring

sing

sling

ing Word Family

spring

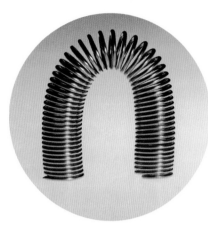

sting

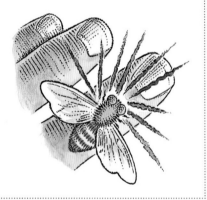

string

swing

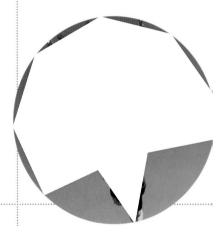

thing   What is this thing?

wing

ing Word Family

ink

dr**ink**

l**ink**

p**ink**

r**ink**

ink Word Family

shrink

sink

stink

think

wink

ink Word Family

ip

chip

clip

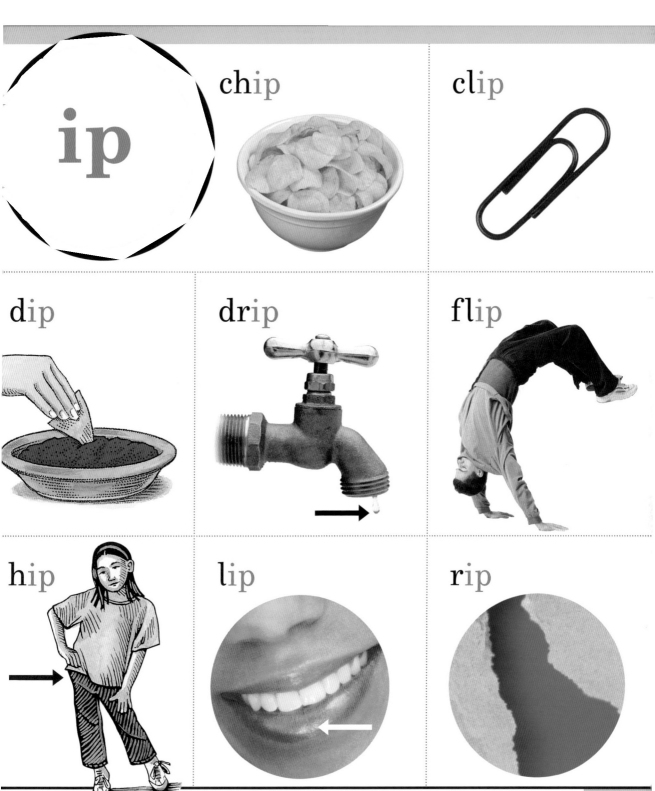

dip

drip

flip

hip

lip

rip

ship

sip

skip

slip

strip

tip

trip

zip

ip Word Family

ir

sir

Dear Sir:

stir

ir Word Family

ire

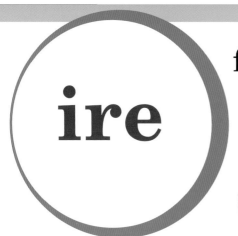

fire

tire

wire

ire Word Family

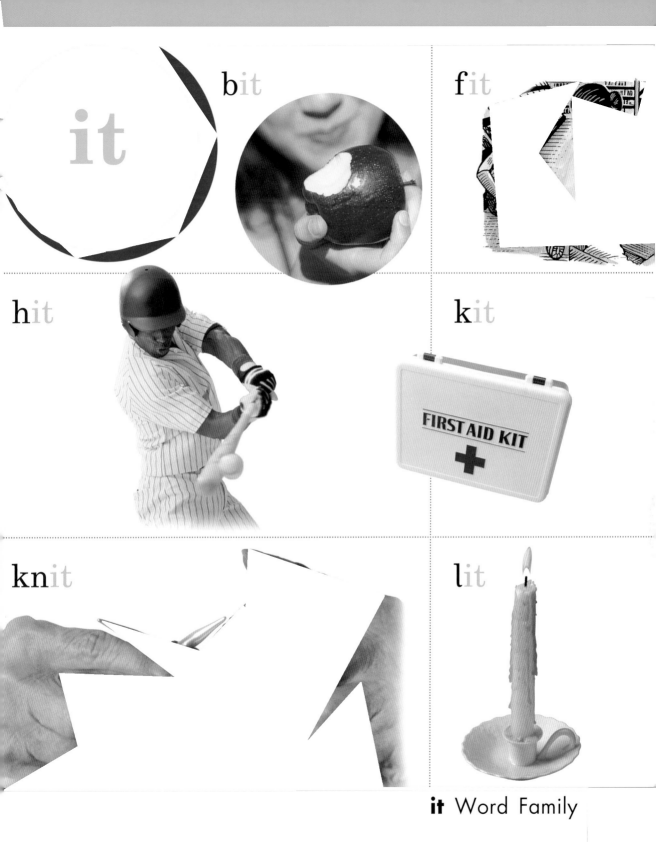

it

bit

fit

hit

kit

knit

lit

it Word Family

p**it**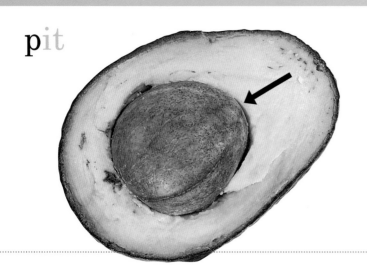

s**it**

sk**it**

spl**it**

it Word Family

oad

load

r oad

t oad

oad Word Family

71

boat

coat

float

goat

throat

oat Word Family

ock

block

clock

dock

knock

lock

rock

shock

smock

sock

stock

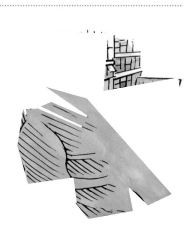

ock Word Family

74

boil

oil

broil

coil

foil

soil

oil Word Family

oke

broke

choke

joke

poke

smoke

spoke

stroke

woke

oke Word Family

old

cold

fold

gold

hold

old

sold

told

old Word Family

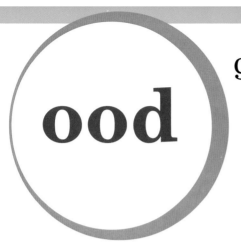

ood

good

Spelling test ⭐ good job!

1. cells
2. exit
3. melted
4. ~~wiggel~~ wiggle
5. swept
6. western
7. rushes
8. living
9. windy
10. wire
11. land form
12. plain

stood

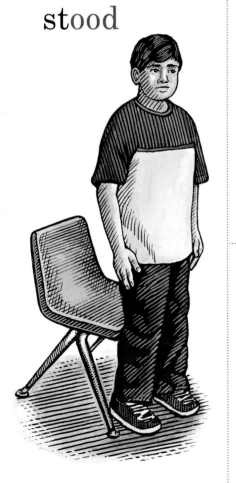

wood

ood Word Family

ook

b**ook**

br**ook**

c**ook**

h**ook**

l**ook**

sh**ook**

t**ook**

ook Word Family

oom

boom

bloom

broom

groom

room

zoom

oom Word Family

chop

crop

drop

flop

op Word Family

hop

mop

pop

shop

stop

top

op Word Family

o

ope

hope

rope

slope

ope Word Family

or

for

or Do you like cats or dogs?

or Word Family

ore

bore

chore

more

score

ore Word Family

85

shore

snore

sore

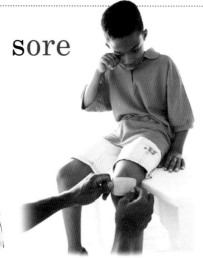

store

tore

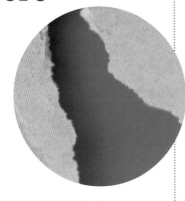

wore   She wore a sun hat.

ore Word Family

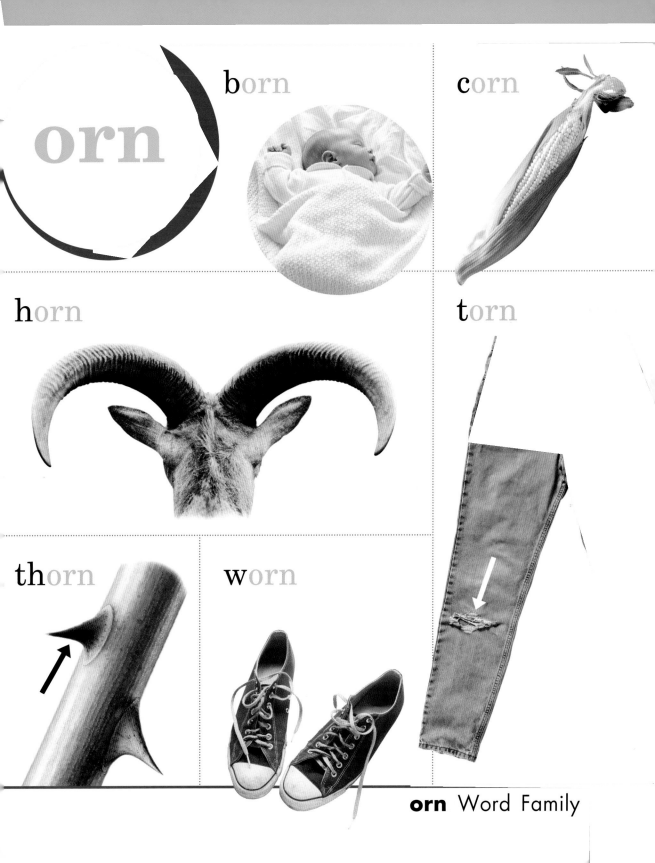

orn

b**orn**

c**orn**

h**orn**

t**orn**

th**orn**

w**orn**

orn Word Family

ot

cot

dot

got

hot

jot

knot

ot Word Family

lot

not   She is not here.

pot

rot

shot

spot

tot

ot Word Family

ound

found

ground

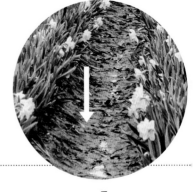

hound

mound

pound

round

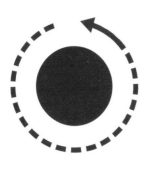

sound

wound

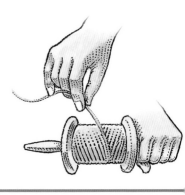

ound Word Family

out

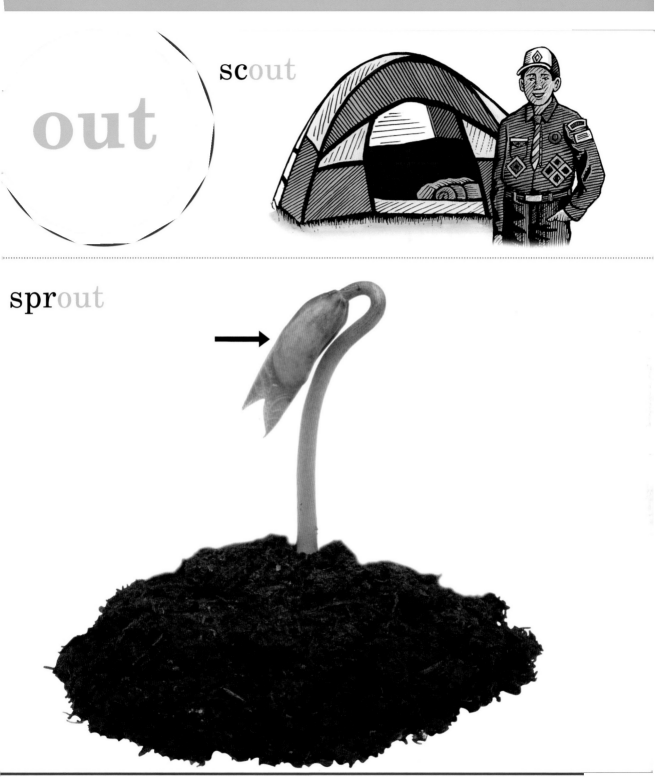

sc**out**

spr**out**

ow as in low

blow

crow

flow

glow

grow

low

mow

ow Word Family

row

show

slow

snow

tow

ow Word Family

ow
as in cow

bow

chow

cow

how

now   "Come in now!"

plow

ow Word Family

oy

b**oy**

j**oy**

t**oy**

oy Word Family

ue

blue

clue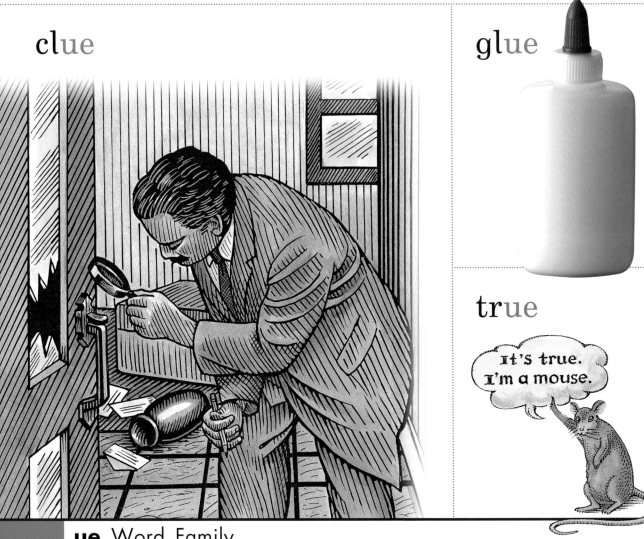

glue

true

It's true.
I'm a mouse.

ue Word Family

ug

bug

dug

hug

jug

mug

ug Word Family

pug

plug

rug

tug

g Word Family

ump

bump

dump

jump

lump

pump

stump

ump Word Family

un

bun

fun

run

sun

un Word Family

unk

bunk

chunk

dunk

hunk

junk

skunk

sunk

trunk

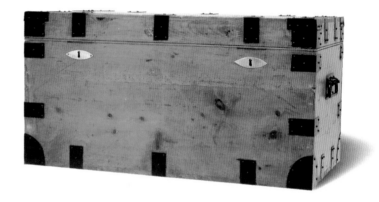

unk Word Family

urn

burn

turn   You must wait for your turn.

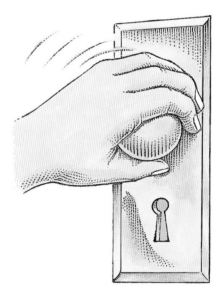

urn Word Family

cute

flute

ute Word Family

Index

Short Vowel Word Families

Short Vowel Aa

Short Vowel Ee

continued

Index

Long Vowel Ee

Index

Index